Penumbra de los árboles
II Premio Internacional de Poesía
José García Caneiro

Ediciones de La Discreta

Los Opúsculos de *Bastardilla*

Primera edición: 2024

Coordinación editorial: Santiago A. López Navia

Prólogo: Santiago A. López Navia

Imagen de cubierta: Luis Martín

Diseño de cubierta: Tamarán Junco

Maquetación: Tamarán Junco

ISBN: 978-84-18130-23-6

Depósito legal: M-18489-2024

Ediciones de La Discreta, S.L.

C/ Arroyo de los Sauces 14, 3º 2ª

28430 Alpedrete (Madrid)

Tel. 91 8515083, 625555882

www.ladiscreta.com

administracion@ladiscreta.com

Impreso en España / Printed in Spain

PENUMBRA DE LOS ÁRBOLES

Este libro, cuyas modestas dimensiones es inversamente proporcional al enorme afecto que lo alumbra, recoge el poema ganador y los diez finalistas del II Premio Internacional de Poesía "José García Caneiro" que, siguiendo el criterio que se observó en la primera edición del certamen han sido transcritos respetando al máximo la escritura original, sin perjuicio de las intervenciones del editor, orientadas a rendir el mejor servicio a los autores y siempre sometidas a su consideración.

De acuerdo con ese mismo criterio, solo se diferencia expresamente al autor que ha obtenido el premio. Los diez finalistas, que lo son *ex aequo* independientemente de las diferencias de puntuación que pudieran obtener a la luz de las deliberaciones del jurado, aparecen de acuerdo con el orden alfabético que exigen sus apellidos, y sus fichas biobibliográficas han sido elaboradas de acuerdo con los datos que ellos mismos han facilitado, procurando en cada caso la redacción más pertinente y completa.

Penumbra de los árboles rinde homenaje a José García Caneiro, miembro querido del comité editorial de La Discreta: un hombre irrepetible cuyo recuerdo convoca y seguirá convocando año tras año la admiración y el cariño de quienes tuvimos el privilegio de compartir con él inquietudes, afanes y proyectos. Conforta saber que el certamen internacional que honra su memoria ha alcanzado en su segunda edición un alcance y un volumen de participación que se corresponden con la dimensión universal de su mirada, fuente de luz que se proyecta, fuerte y limpia, en el talento de quienes, sin saberlo –poetas y lectores– son ya para siempre sus amigos.

Madrid, julio de 2024
Santiago A. López Navia

La Discreta

ACTA DEL FALLO DEL JURADO DEL II PREMIO INTERNACIONAL DE POESÍA "JOSÉ GARCÍA CANEIRO"

Reunido el jurado del II Premio Internacional de Poesía "José García Caneiro" compuesto por Izara Batres Cuevas, Félix Dativo Donate Aparicio, José Ramón Fernández de Cano y Martín, Santiago A. López Navia y Almudena Vidorreta Torres, una vez leídas y valoradas las diferentes obras presentadas al certamen y en virtud de lo dispuesto en las bases, se ha decidido:

1. Otorgar el premio, consistente en un diploma, un lote de libros de La Discreta y una suscripción durante un año al catálogo de la editorial, al poema "El personaje" de Juan María Bermúdez Fernández (Málaga), licenciado en Traducción e Interpretación, doctor en Filología Hispánica y profesor del IES Manuel Alcántara (Málaga). Su obra poética ha sido reconocida, entre otros galardones, como ganador del XVII Certamen Poético Ciudad de Archidona (1995), del I Certamen de Poesía Feria del Libro de los Palacios y Villafranca (2018) y del segundo premio de XX Certamen de Poesía "Huerta de San Vicente (Granada, 2000).

2. Seleccionar los siguientes diez poemas en calidad de finalistas, alfabéticamente ordenados por el título de la obra, cuyo/a autor/a se detalla en cada caso:

   "Alejandra", de Susana de la Torre Castillo (Las Palmas de Gran Canaria, España).
   "Certezas", de Carmen Ruiz Ruiz (Cantabria, España).
   "Concatenación", de Agustín García Aguado (Madrid, España).
   "Dedicatorias", de Daniel Horacio Brondo (Buenos Aires, Argentina).
   "Meningitis", de Francisco Javier Cárdenas García (Madrid, España).
   "Mientras", de Juan Francisco Andrade Bellido (Pozo Alcón, Jaén, España).
   "Sueños", de Tomás Sánchez Rubio (Sevilla, España).
   "Te vas a olvidar", de Sol Fariña Villaverde (Buenos Aires, Argentina).
   "24 de junio", de Daniel Huerta Goya (Arganda del Rey, Madrid, España).
   "46 años", de Alejandro Álvarez Fernaud (Salamanca, España).

3. Publicar el libro con el poema ganador y los diez poemas finalistas en la colección Los Opúsculos de *Bastardilla* de la editorial La Discreta, cuya aparición se prevé a lo largo del último trimestre de 2024. El ganador y los finalistas recibirán en concepto de derechos de autor los ejemplares de la obra que se refieren en las bases del premio.

El jurado desea destacar la elevada participación en esta segunda edición del certamen y la calidad de los poemas presentados, y expresa su agradecimiento más cordial a todos los participantes y su más sentida enhorabuena al ganador y los finalistas.

En Alpedrete (Madrid), a 21 de octubre de 2023

Por el jurado,

LOPEZ NAVIA
SANTIAGO
ALFONSO -
00690014Z

Firmado digitalmente
por LOPEZ NAVIA
SANTIAGO ALFONSO -
00690014Z
Fecha: 2023.10.21
13:33:01 +02'00'

Fdo.: Santiago A. López Navia

Poema ganador: "El personaje"

Juan María Bermúdez Fernández

EL PERSONAJE

En otra dimensión, tengo dos hijos.
Océanos de tedio
en casa de una suegra aragonesa
que me ve envejecer cada domingo.
Seriedad. Reuniones
de mamás y papás
hostiles y erizados como gatos.
Un círculo de amigos de variable amplitud,
marcado por los niños
(su fútbol, su ajedrez, su catequesis…),
espasmódicamente congregado
en torno a cumpleaños, comuniones
y otras celebraciones belicoso-festivas.

En ese otro universo en que me borro
soy lo que los demás quieren que sea,
cediéndole mi cuerpo a un personaje.
Y quisiera encontrar a esa criatura.
Citarle en un café y emborracharnos.
Y cuando la verdad
ya se asome a los ojos del alcohol,
mirarle a la cara y preguntarle
si es feliz, si al final
le mereció la pena que le hubiera entregado
una casa, unos sueños
que no eran para mí y que yo veía
a través de una niebla de extrañeza.

Y quizás me responda que no vaya de listo.
Que, en resumidas cuentas,
no son tan diferentes nuestras vidas.
Que a los dos nos cambió
las reglas del partido
el árbitro tiránico del tiempo.
Que vivir va siendo ya ir
                    construyendo
pequeñas ensenadas, calas dulces

11

que apacigüen al viento,
donde amontonar pecios y pactar
no ya un intercambio de prisioneros,
sino un aplazamiento
de la derrota
                última.

El autor

Juan María Bermúdez Fernández (Málaga) es licenciado en Traducción e Interpretación, doctor en Filología Hispánica y profesor del IES Manuel Alcántara (Málaga). Su obra poética ha sido reconocida, entre otros galardones, como ganador del XVII Certamen Poético "Ciudad de Archidona" (1995), del I Certamen de Poesía "Feria del Libro de los Palacios y Villafranca" (2018) y del segundo premio de XX Certamen de Poesía "Huerta de San Vicente" (Granada, 2000).

Poemas finalistas

46 AÑOS

En mi podrido edificio
germina, no obstante,
en el ventrículo izquierdo
un poco de amor,
que, sin devenir aún,
furioso drago,
aloja iridiscentes recuerdos,
y un dios interior
me habla todas las noches
de causas y cosas.

El autor

Alejandro Álvarez Fernaud es poeta y profesor de Latín y Griego en Enseñanza Secundaria Obligatoria y Bachillerato. Se licenció en Filología Clásica por la Universidad de Salamanca. Actualmente trabaja en el IES Campo Charro (La Fuente de San Esteban, Salamanca), su undécimo centro de enseñanza, donde lleva casi un lustro "hiperfeliz": según sus propias palabras, "los quince cursos que pasé fuera de Salamanca resultaron ser con el tiempo un periplo odiseico y enriquecedor. Siempre tuve a Ítaca *in mente*." Lleva veintidós años en la docencia.

Ha desarrollado su obra, dice, "sobre todo desde julio de 2020, donde sufrí en Peñíscola el vaticinio de un resplandor que me acabó portando tanta luz. Escribo sobre todo por necesidad, y me conformo con que uno solo de mis poemas pueda iluminar la vida de aquella persona que me lea gracias a este maravilloso proyecto".

Es un gran amante de la cultura y de los idiomas, como acreditan los muchos títulos de alto nivel que ha obtenido durante los veinticinco cursos seguidos en los que ha sido alumno de la Escuela Oficial de Idiomas. Ha participado en varios proyectos lingüísticos y cursos en el extranjero. Ha obtenido una mención de honor en un concurso literario celebrado en Taormina y recientemente la editorial Talón de Aquiles ha publicado su primer libro de poemas titulado *Posidonia*.

MIENTRAS

Mientras los cristales siguen mudos largas noches
y el barro a la intemperie pierde piel y carne,
mientras las cicatrices con que el día marca
territorios donde prosperaba el aire húmedo
se retuercen como gusanos de seda,
velo con mi uniforme de gala tu sonrisa
para que trascienda el polvo en el mármol
y la muerte en el viento.

Mientras envejecen los recuerdos del bosque
(un desfile de hierba erguida sobre los hombros del musgo
y el rocío sin presente de los amaneceres),
mientras hibernan las fuentes y dejan expuesto su esqueleto
las encinas y los álamos,
alimento tus labios con la lluvia de mis conquistas,
recito el tenor de tus pequeñas frases al mirarme
y pienso en cómo extender la luz de tu alegría
en mis ojos sedientos de certezas.

Abro puertas a tu paso mientras se esconden las nubes
y las espigas de trigo languidecen.
Mientras las llamas consumen esperanzas inútiles
te encuentro en las cenizas de los días futuros,
todavía inmortal como una efigie griega,
y dejo que en el atrio de mi silencio suenes
entre clamores de arena y perfumes de hierro carcomido.

Aguardando oír el susurro la aurora
mientras el reino de los secretos se reduce a escombros
y el polvo avienta lágrimas dispersas,
me incorporo a la búsqueda del tiempo que he perdido
en llenarme los ojos con la vista del crepúsculo,
en vez de aterrizar sobre la ansiada isla que es tu boca
entreabierta a mis palabras y a mis hechos.

Mientras la nieve envuelta en espirales de fuego
toma por la fuerza los atardeceres del norte,

mientras arde el abismo de la noche incierta
y en cada rincón del aire hay un gemido de desolación,
mientras las amapolas miran desde los lienzos
los alféizares roídos y las calaveras,
mientras alienta la sed, te rescato intacta
con el bullicio lejano de las calles a mediodía
y el orden de tus zapatos huérfanos en los estantes,
con vestigios de tormenta que surcan gaviotas,
te llevo junto a mí para empaparme del gesto
que haces cuando la luna se oculta entre los árboles
y parece (aunque solo lo parece y no lo es)
que el mundo está de vuelta otra vez a lo que ha sido.

EL AUTOR

Juan Francisco Andrade Bellido (Málaga, 1956) cursó estudios de Medicina en su ciudad natal y ejerce como médico rural en Pozo Alcón (Jaén), lugar en el que reside.

Escribe poesía desde los veinte años y ha obtenido seis galardones entre premios y menciones desde 1981, entre los que destacan el primer premio obtenido ese mismo año en el I Certamen Poético "Casino de Algeciras" y su clasificación como finalista en el III Premio Internacional de Poesía "Gabriel Celaya" en 1993 con su poemario *Memoria de la noche*. En 2023 ha obtenido el primer premio en el Certamen Nacional de Poesía "Ciudad de Archidona" en su XLV edición, en el XXI Premio Nacional "Doña Luz", que convoca el ayuntamiento de Doña Mencía (Córdoba) y en el XI Premio Internacional de Poesía "María Eloísa García Lorca" de la Unión Nacional de Escritores de España. También ha obtenido el mismo año el segundo premio en el XXXII Concurso de Poesía "Isabel Ovín", que convoca el Ayuntamiento de Carmona (Sevilla).

Ha escrito regularmente artículos para una revista local y empezó a cultivar la narrativa hace cosa de quince años. Ha escrito hasta la fecha cinco novelas de género policiaco, de las cuales ha publicado *Señales de Humo* (Bohodón, 2010), *El ciclista*, (Chiado, 2013) –que ha alcanzado tres ediciones, la última para Nova Casa Editorial– y *La muerte de Lidia Rivas* (Nova Casa Editorial, 2016). Todas se encuadran en el género policiaco. El personaje principal de sus novelas es Ramón Castillo, un médico con unas excepcionales dotes para investigar crímenes con esa aura de fatalidad que persigue al héroe a la fuerza.

En su página web (www.juanfranciscoandrade.com), abierta desde 2013, figuran su biografía, los reconocimientos que ha obtenido y varios comentarios de su obra.

DEDICATORIAS

Para los que nunca piensan en el amor cuando viajan.
A los desdichados que perdieron el amor en el viaje.
A los que viajan en busca del amor.
Para aquellos a los que la angustia hizo viajar por última vez
y ellos, por su esperanza, empezaron a viajar.
A los chóferes que venden un pasaje y regalan un requiebro.
Para los que siempre viajaron parados y sin embargo reían.
A los afortunados que hicieron un viaje infinito en el subte "A"
y a los que volvieron a ver la historia en ese vagón.
Para aquellos encerrados en un sueño que nunca abren la ventanilla.
A los que buscan una ilusión en los pliegues de la ropa,
los mismos que viven el éxtasis en su propio asiento.
Para aquellos conductores que hacen del colectivo un templo de oración.
Para los conductores que sienten el filo de la guillotina en cada vuelta.
A los que el viaje les resulta ansiosamente largo.
A los que el viaje les parece tristemente corto.
A los boletos que son pases gratuitos a la aventura.
Para los que se olvidan de la sociedad, con auriculares,
los mismos que se aíslan en su paranoia de oídos tapados con sonido.
Para todos los que hacen de un trayecto un poema.

El autor

Desde 1998, Daniel Horacio Brondo (Buenos Aires, Argentina) viene participando con regularidad en diversos certámenes literarios con una notable proyección internacional. Su obra narrativa ha sido reconocida con premios, menciones y publicaciones en Argentina (Buenos Aires, Azul, Lanús, Ramos Mejía, Bel Ville y Córdoba), España y Estados Unidos, y su obra poética ha sido premiada y publicada en Argentina (Villa Udaondo, Mar del Plata, Buenos Aires y Tucumán), Perú, Chile, Brasil, Venezuela, España y Kenia.

Meningitis

Me estás mirando,
me estás mirando cerca
con la eterna inminencia
de la muerte en tus ojos abrasados mucho antes de mí
entendida en la mirada que el tiempo otorga a las viejas fotografías.

Mucho antes de mí, me estás mirando
y qué misterio alumbra
esta urgencia ancestral por comprenderte
más allá del color sepia y su hoz de no retorno desde el hombre que
[soy después de ti,
tornando en tu insistencia, mi insistencia.

Te estoy mirando.
Ni siquiera sabemos cuánta la permanencia
o cuánto acrece tu virtud de mármol
detenido. No obstante, queda esta forma hundida de silencio dejado
[en que los muertos viven
y toda esta bruma desbocada de olvido
donde el hombre que soy logra pensarte
y la muerte no alcanza a conciliar
su victoria sobre el mar interior
a tus ojos de niña.

El autor

Francisco Javier Cárdenas García (Lucena, Córdoba, 12 de julio de 1997), graduado en Medicina por la Universidad de Córdoba, se inició muy tempranamente en el camino de la lectura y la escritura, convirtiéndolas en un estilo de vida desde entonces. En octubre de 2019 se estrenó en la poesía de la mano de su primer poemario, *Jardines del Ánima* (Editorial Exlibric). Durante el año 2020 realizó una fructífera labor en redes sociales en el campo de la promoción, protección y divulgación de la poesía, recibiendo la Mención de Honor en el I Concurso de Poesía "Elena Martín Vivaldi" por su poemario *Donde habite el fuego*. Ha ganado el I Certamen Literario Internacional de Poesía "Poetes de La Marina Alta", el I Premio Nacional de Poesía "Ciudad de Lucena Lara Cantizani" en la modalidad Haiku Prometeo, el XXIII Premio "Gloria Fuertes" de Poesía Joven con su poemario *Hijos del asedio* y el I Premio de Ecopoesía "Puente del Guadiana" por su poemario *La última ciénaga*.

TE VAS A OLVIDAR

Te vas a olvidar de la tarde.
Te vas a olvidar del sonido del tren en movimiento.
Te vas a olvidar de las calles de tu infancia, del periódico de papel en
la puerta, de las tardes interminables en las que el sol
acariciaba las sombras.
Te vas a olvidar de los cigarrillos, del estruendo de las copas de vidrio
cuando se estrellan contra el suelo, de la tinta de la pluma
lamiendo la hoja de papel.
Te vas a olvidar de los vicios, de la resaca y de las dudas insoslayables.
Te vas a olvidar del calor del mediodía, del sol de invierno, de las
glicinas en primavera.
Te vas a olvidar del vino en la noche, del humo petrificado en la
habitación después de fumar,
del olor a leña quemada en el fuego vivo.
Te vas a olvidar de tus hijos, de los momentos más luminosos de la
mañana, de los gritos mudos frente a la impotencia.
Te vas a olvidar de los anhelos insensatos, de tus cumpleaños
acompañados por una insípida soledad, de las horas
desangrándose en la madrugada.
Te vas a olvidar del calendario, de la ropa de vestir, de los zapatos
encerados.
Te vas a olvidar de conducir, de mover la palanca de cambios, de
apretar el embrague a fondo.
Te vas a olvidar de toda esta vergüenza, del desconsuelo del silencio
errante, de la aspereza que implica sucumbir frente a la piel
ajena.
Te vas a olvidar el cómo y el porqué, las razones y las incoherencias.
Te vas a olvidar de dónde, y el hacia; de mí y de vos.
Te vas a suspender en el día y ya no recordar si despertaste
y caíste en la desgracia
de caminar en el laberinto de la memoria,
o si es la vida misma
la que se apuntala en lo perdido
de las palabras.

La autora

Desde que tiene memoria, Sol Fariña Villaverde (Buenos Aires) escribe cuentos, ensayos y sobre todo poesía. En su adolescencia cursó varios talleres de escritura creativa y a los 12 años ganó un concurso de cuentos en la Academia Nacional de Ciencias de Argentina. En la actualidad estudia Psicología en la Universidad de Buenos Aires, da clases particulares sobre diversas materias de Enseñanza Secundaria y está a cargo del espacio de apoyo de Lengua y Literatura en una escuela. Toca el bajo en una banda de música como pasatiempo. La escritura es una pasión que la sigue acompañando a día de hoy.

CONCATENACIÓN

Apretar los puños cuando tengo hambre de ti.
Saltarme el protocolo y las buenas costumbres
si te veo sumida en tu cárcel de azúcar
y tu vientre es blanco y dulce como la leche.
Reclamar con rabia mi cuota de amor.
Incendiarme en el paisaje violeta de la tarde.
Abrirle las puertas al desconsuelo.
Comprender que la vida tiene alma de pájaro.
Ser árbol sin raíces en tu pie cercenado.
Embeberme de tu luz los días de invierno.
Aflorar en tu garganta como hiedra nueva
que escala libre por tu pecho.
Cambiar las sábanas cuando has huido del sueño.
Volver a esas selvas esmeraldas
donde te busco y no te hallo.
Acortar mi paso si corres por las calles.
Alcanzarte en las blancas cimas del deseo.
Castigarte con la dura fusta del olvido
esos días en que pronuncio tu nombre
y me nacen alimañas feroces en los labios.
Extirparme de ti sin el brillo de los metales.
Respirar como quien regresa vencido de ninguna parte.
Saber que estás siempre en mí alojada
paseando por una larga noche sin destino.

Quiéreme como antes
sin duendes que atiendan a tanta confusión
o deja que el diablo haga sus abluciones
y me invite a pasear por el mundo buscándote.

El autor

Agustín García Aguado (Madrid, 1961) cursó estudios de Filología y Sociología en la Universidad Complutense de Madrid y ha desarrollado su labor profesional en el sector de la logística y el transporte.

Después de casi 25 años sin escribir, retomó la actividad literaria y obtuvo diversos premios en relato y poesía, como el primer premio en el Certamen de Relatos "Tierra de Monegros" en 2018, el primer premio "Fundación Fomento Hispania" en 2020 o el primer premio de relatos "Ecoparque de Trasmiera", 2021. Asimismo, ha sido finalista en el Certamen de Poesía "Gerardo Diego" de la Diputación Provincial de Soria en 2020.

Ha publicado *La ternura de las bestias* (Editorial ACEN, 2018), *Los dioses cautivos* (Editorial Platero CoolBoks, 2021) y *Los niños del abismo* (Editorial Ápeiron, 2023), premiado en el certamen "Caperucita Feroz".

24 DE JUNIO

Tiene el año sus fechas señaladas,
esos días en rojo en que parece
que el tiempo se congela o que la vida,
con oculta intención, te pone a prueba.

Días que no imaginas memorables,
que discurren igual a tantos otros,
sin vértigo, emoción o sobresaltos,
hasta que, poco a poco, cae la tarde.

Entonces todo cambia de repente,
y un café se convierte en una cena
y te encuentras hablando de ti mismo.

Días que no deseas que terminen,
aunque pierdas tus gafas favoritas
o el duende de la angustia vuelva a verte.

Tiene el año sus fechas señaladas.

El autor

Nacido en Madrid y profesor de Lengua y Literatura de ESO y Bachillerato, Daniel Huerta Goya ha ganado distintos certámenes tanto de poesía como de relato. Ha publicado los poemarios *Autobiografía en grado de tentativa* (2017), *No has de creer que Eros te protege* (2019) y *Las noches áticas* (2021), así como el libro de aforismos *Un otoño cruel* (2020), la novela *El extraño caso Shavelson* (2021) y el libro de relatos *El detective insomne* (2023).

CERTEZAS

También existen días donde afloran certezas
como mutilaciones, como desgarro incipiente
en la piel inmadura de un recién nacido
que aún conserva su lanugo,
agrietada *vernix caseosa*
por donde se esfuma la cálida
impresión de estar a salvo
de todos los desengaños
que la vida nos prepara.

El horizonte se cubre de neblina
y solo queda asirse al agua mansa
que deslíe nuestras recién descubiertas
certidumbres,
imaginar que es *chirimiri* y que pronto
calará en nosotros
una incómoda humedad
que nos obligará a repelerla,
a procurarnos protección,
con la fricción pertinaz
que nos restituya
el abrigado cobijo extraviado.

La autora

Carmen Ruiz Ruiz (Hoznayo, Cantabria, 1968) es licenciada en Derecho por la Universidad de Cantabria. Su actividad literaria se refleja, entre otros aspectos, en su participación en certámenes de narrativa (microrrelatos y relatos breves) y poesía, en los que ha sido premiada especialmente en su Cantabria natal (Ribamontán al Mar, San Vicente de la Barquera, Comillas, Bezana, Medio Cudeyo, Astillero, Molledo y Reinosa, en cuyas Justas Literarias fue finalista en 2022), pero también en otras localidades como El Pazo de la Saleta (Pontevedra), donde ha sido finalista con mención especial en el VII Certamen de Poesía "Nuestra Musa La Camelia"; Teruel, en donde ha obtenido el accésit en el IV Certamen Literario de Microrrelatos "Comarca de las Cuencas Mineras"; Haro (La Rioja), en donde ha obtenido el primer y el tercer premio en el Certamen de Piropos "Virgen de la Vega de Haro" y Onís (Principado de Asturias), en donde ha sido la ganadora del IV Certamen de Poesía "Memorial Francisco de la Vega". En 2023 recibió una mención de honor en el I Certamen Internacional de Poesía "Natalio Valbuena Parra".

Aunque también ha publicado un trabajo de investigación en la revista *Los Cántabros* (nº 22), sus principales publicaciones se adscriben a la creación literaria en las revistas *Absenta Poetas* y *Alborismos* y en el blog literario y cultural "La tienda del Kirguise" y en antologías como *Camelias poéticas del Pazo de la Saleta* (Editorial Literarte, 2023) y *Versos para José Hierro* (Septentrión Ediciones, 2022).

SUEÑOS

Cada verano mi alma persevera
—o bien, se obstina insurgente—
en soñar con estaciones
de andenes tristes, lejanos
puentes de piedra
y despedidas a los pies
de una escalera.

Cierto miércoles de siesta,
me pareció distinguir
a una anciana en el anochecer
de los años, yendo despacio
hacia las infinitas vías
del último tren de su vida.
De tanto en tanto,
se volvía para mirarme
con una sonrisa triste
y dulce como las naranjas de mi niñez,
de fina cáscara y olor marchito.

Una madrugada plomiza,
realmente vi brotar una flor ajada entre dos ojos de un puente
[abandonado,
parecido a aquel donde conocí
a mi primer amor verdadero.
Diría que me miraban fijamente
sus cuencas vacías
con todo un ceño fruncido,
a la manera de esas brujas de cuentos
que capturaban infantes incautos
o abandonados en el bosque
por papás menesterosos;
hechiceras que los engordaban,
pero nunca llegaban a comérselos,
porque algo pasaba
en el último momento:
una sórdida refriega,

34

una salvación inesperada,
un arrepentimiento a tiempo…

Una noche, soñé que mentía
diciéndole a alguien
que nuestro cariño viviría para siempre;
que se me detenía
en la comisura de los labios
un adiós que olía a hierba recién cortada, pero con el sabor amargo
de todo jarabe que palia
el antiguo inevitable dolor que nos marca
la frontera entre la corta niñez
y la larga existencia de adultos
–tibiamente– responsables.

El autor

Tomás Sánchez Rubio es licenciado en Filología Clásica, licenciado en Geografía e Historia y licenciado en Ciencias Políticas. Actualmente imparte clases de Latín y Griego en el Instituto de Enseñanza Secundaria Ciudad Jardín de Sevilla. Es miembro de la Asociación Colegial de Escritores de España, de las instituciones literarias sevillanas Noches del Baratillo y Cuadernos de Roldán y del *Centro Andaluz de las Letras* (*CAL*).

Ha publicado los poemarios *Vivir sin tregua* (2001), *Árboles de esperanza* (2015), *Llegó el ayer* (2017) y *Días de redención* (2019), así como el libro de microcuentos *Retazos* (2016). También es coautor del libro de relatos *Cien mil gotas de lluvia* (2018). En 2022 ha publicado el libro de relatos cortos *Unas cuantas hojas tristes*.

Dirige y conduce el programa cultural semanal "La Estantería", en Radio Proverso. Publica regularmente en revistas culturales de carácter digital e imparte regularmente talleres literarios al alumnado de diversos centros educativos.

Ha sido galardonado en varios certámenes de relato y poesía de ámbito nacional. El más reciente ha sido el segundo premio en el VIII Certamen Literario "Universidad Popular de Almansa 2022", en la modalidad de narrativa.

ALEJANDRA

Otoño del setenta y dos.
Alejandra ha perdido el tacto de sus manos.
Vive entre dos historias mortales, en regiones opuestas a la sombra.
Entre conjeturas y marañas percibe una quietud profunda, un infinito
[silencio.
Escondida en su memoria sepulta su miedo.
Esa manía que tiene por vivir la condena a gritar palabras mutiladas,
ensangrentadas. El tiempo que la quiso se deshace en un
infinito hambriento.
La flor invisible de su juventud ya es indiferente al vértigo y a la palabra.
Por aquellos días el Río de la Plata estaba en calma.
Alejandra pasea por su ribera entre galerías de sonidos.
A lo lejos una gaviota cruza su intimidad.
El cielo se eterniza y las estaciones giran sin detenerse.
Son la sal de la tierra.
Algo se adentra en su alma y visita su cuerpo como quien pasea por
[la vida.
Luego, desaparece en un destello.
El honor es como un cielo lejano y Pizarnik ya tiene todas las cartas
boca arriba. Una bombilla rota y apagada anuncia su final.
A lo lejos, se oyen pasos.
Un movimiento oculto abraza toda vida y toda muerte.
A mí, me quedan sus palabras y sus calles.
Su silencio.
Sus poemas sin rostro y su pensamiento apagado.

La autora

Susana de la Torre (Las Palmas de Gran Canaria, 23 de abril de 1966). En 2020 publica con Universo de Letras de la Editorial Planeta el libro de relatos poéticos *Mi mundo es mío y el tuyo también*. Publica también con cierta regularidad en el "Rincón Poético" de *Revistart* (Revista de las Artes). Su segundo libro de hallazgos poéticos *Tiempo de Entrega* se publicó en 2022. Próximamente publicará *Rumores*, un libro de relatos cortos.

ÍNDICE